그냥, 바로

그냥, 바로

| 시인의 말 |

여기 기웃 저기 기웃
우물쭈물 안 해요

요거 조거 묻지 않아요
갈팡질팡 안 합니다

가는 길
그냥 그대로
바로 곧장 가렵니다

2023. 5월
자사영 김용옥

| 차례 |

05 … 시인의 말

I

가을생각 …… 13
개나리 학교 …… 14
공수래 공수거 …… 15
광양 나들이 …… 16
구기자 보석 …… 17
김연아 …… 18
꽃무릇 이야기 …… 19
꽃 이야기 …… 20
꿈꾸는 꽃 －산수유 …… 21
나무 이야기 …… 22
남미 워밍업, 멕시코 …… 23
달구비 …… 24
담쟁이 넌출 …… 25
대모산 …… 26
대장조영칠영검사 …… 27
둔황 …… 28
동주에 부쳐 …… 29
마라톤과 호수 사계 …… 30

II

33 …… 명사산(鳴砂山)
34 …… 미련
35 …… 민병갈을 추앙하다
36 …… 바이칼의 딸
37 …… 별리
38 …… 보세란
39 …… 보츠와나
40 …… 본능
41 …… 봄날은 간다
42 …… 봄마중
43 …… 봉평 메밀꽃 축제
44 …… 사돈마님의 석모도 사돈마님
45 …… 사라 장과 부천필하모닉오케스트라
46 …… 사막에서 다시 길을 묻다
47 …… 사모곡
48 …… 사패산

Ⅲ

산티아고 순례길 1
     -피레네 산맥 넘으며 …… 51
산티아고 순례길 2
     -'푸엔타 라 레이나'에서 '에스테야'로 …… 52
산티아고 순례길 3
     -'에스테야'에서 '로스아르코스'로 …… 53
산티아고 순례길 4
     -'오스피탈 데 오르비고'에서 '아스토르가'로 …… 54
산티아고 순례길 5
     -'폰세바돈'에서 '몰리나세카'로 …… 55
산티아고 순례길 6
     -'사리아'에서 '포르토마린'으로 …… 56
산티아고 순례길 7
     -'포르토마린'에서 '팔라스 델 레이'로 …… 57
산티아고 순례길 8
     -'팔라스 델 레이'에서 '아르수아'로 …… 58
산티아고 순례길 9
     -'아르수아'에서 '페드로우소'로 …… 59
산티아고 순례길 10
-'페드로우소'에서 '산티아고 데 콤포스텔라 대성당'으로 …… 60
'석가헌' 모임에서 …… 61
석호의 수양벚꽃나무 …… 62
수크령 …… 63
스크랩 폐기 …… 64
신록엔 왜 하얀 꽃이 …… 65
아디다스 한강 대회 …… 66

IV

69 ······ '압록강은 흐른다' −이미륵 다큐
70 ······ 어쩌나
71 ······ 억새
72 ······ 여름 숲
73 ······ 연꽃 아침
74 ······ 연례 행사
75 ······ 영동 와인 열차
76 ······ 옛골목
77 ······ 온통 그렇게
78 ······ 우루무치
79 ······ 의자 3
80 ······ 의자 4
81 ······ 이과수 폭포
82 ······ 입추 지나 처서
83 ······ 적막
84 ······ 전통 혼례 −문종이 장가가던 날

V

정기용에 반하다 …… 87
제부도 갯벌 …… 88
제주의 봄 …… 89
진해 벚꽃 …… 90
짐바브웨 …… 91
창녕 우포늪 …… 92
책 굿 『노름마치』 …… 93
천은사 템플스테이 …… 94
청물 드는 남해 …… 95
춤을 추어요 …… 96
케이프 포인트 －남아공 …… 97
코스모스 …… 98
쿠무타크 사막2 …… 99
통영 국제음악제 －제 9회 …… 100
페인팅 …… 101
환희 －아기 손자들 …… 102

I

가을 생각

지친 이들에게
오는 겨울 대비하라고
황홀한 위안으로
쓸쓸함 덜어준다
꽃잔치
물드는 단풍
미리 주는 위무이다

흠뻑 들뜬 마음에
아련함을 더했는지
올해의 단풍은
왜 그리 더 고울까
촉촉한
윤기 더하여
연정으로 물들다

개나리 학교

봄 내음
어쩌지 못해
녹색 물감 올라온다
지난 겨울

못 다 나눈
소근소근 이야기

종소리
잘랑잘랑 울리며
꽃등 쏟아지는
샛노란 둥지

공수래 공수거

실천하신
울 엄마
'기초노령연금'뿐
그것만으로도
행복한 나날이
그보다
더 많이 가졌어도
아둥바둥
가
련
한

광양 나들이

볼그레 살포시
홍매실
선비 사랑
청매실
산수유 별 총총
수더분한 진달래

산.산.산
맺어진 인연으로
손잡고
달려간다

구기자 보석

햇살 따라
담 넘어
뻗어있던 촉수에
해님 정기
머금은
붉은 산호
줄
줄
이

그 열정
미처 몰랐네
몸 속 냉기 쫓겠네

김연아

홍매실 새악시 볼
날리는 벚꽃처럼
만드신 이
생각대로
삼라만상 펼쳐보이는
우리들
보람
보물
자랑
정령의 울림이여

꽃무릇 이야기

서로를 기다리다
이젠 지쳐버렸나

가을비 뿌리는데
올해도 그냥 가시네

그리움 번져가듯이
둥근뿌리 벋어간다

빠알간 융단 위로
슬픈 가락 흐르듯

마음마저 미어져
잦아들어 가는데

기약은 또 그리 허망히
멀어져 가고있네

꽃 이야기

꽃은 언제나 경이
마음을 활짝 펴야

드므에 잠겨 꿈꾸듯 연보라 꽃잎 달고 눈인사, 부레옥잠 점점이 무리져 가을을 잡고있는, 꼬마국화 빈터에 뿌린 취나물 꽃씨, 다음 봄 아둥아둥 싹트겠지 음지에서 돋보이는 샛보라 맥문동 태양빛에 도전하는, 능소화 원추리 참나리 핑그르 젖이 돌던 목련 봉오리 모글모글 라이락 꽃망울 초록 일색에 방점 찍는 목백일홍

꽃눈의 부푼 꿈 이루어
생생발랄 꽃물들여야

꿈꾸는 꽃 – 산수유

꽃 핀다 야단인데
남녘엔 가봐야지
지난 봄
고스란히
앉아서 기다렸지
움츠림
이젠 끝내야
봄안개 하품하듯

봉우리 열리며
화들짝 들썩이고
스무남 송이 피며
두번째 튀밥이다
꽃숭이 속 수술 또 한번
아련하게 꿈꾸듯

나무 이야기

겨우내 머금은 햇빛으로
연둣빛 새움의 발돋움

향기 나지요 늘 푸르지요 엉겨붙음에 관대한 편백나무 저요! 저요! 손들고 환호하는 조팝나무, 가는 아쉬움에 발걸음 멈추라고 꽃잎 늘어놓는 동백, 반짝이는 햇빛 속 자신도 햇살 펴는 밤나무, 유년의 달달함 초록에 맺히는 홍보석 앵두나무, 굴참 신갈 팥배나무여 벗을 거 아직 남았으면 다 벗는 거야

한바탕 웃음 터뜨린다
바탕색으로 기쁨을

남미 워밍업, 멕시코

산맥 지나 삭막한 황야
달 분화구 같은 사막
세상 곳곳 많은 사람
별처럼 박혀 살고있다
리듬이 걸음마다 흐른다
14시간 시차로 젊어져

낭만의 휴양지
카리브해 유카탄 반도
칸쿤으로 가는 비행기
데킬라 한 잔에 기분 업!
카리브 에메랄드 물빛
맑은 태양 지상낙원

달구비

도리가 없다
우산을 쓰고도

'여름 3악장'처럼
심장을 두드린다

맨발에
머릿속까지
오늘
흠뻑
젖고싶다

담쟁이 넌출

담벼락 타고 오르다
더는 갈 곳 없는듯
두 손 뻗어 허우적 허공을 헤집는다

어느새
끝내 거머쥐어
차오르는
푸르름

여리고 풋풋한 줄기에 이은 초록
세월 감에 그 여림은
굵은 밧줄 되어

사소한
습관도 쌓이면
어쩔 수 없는
족쇄로

대모산

딱히 갈 곳도 없고
별일 없어 거기 가면

조릿대 잎처럼
비죽 솟은 마음도
응달에 물봉선 같아라
야들야들 분홍빛

나뭇잎 숨소리에
풀벌레 하모니
까치는 반갑다고
허허로움 어느덧

큰엄마
푸근한 품으로
두 팔 벌려 다가간다

대장조영촬영검사

장 세척 하고서는 조영제 주입한다

풍구질하듯 가스 주입 풍선처럼 부풀려 촬영 잘 되게,
장 내벽 조영제 코팅 위해, 전후좌우상하로 몸을 돌리
고 돌리고, 가스 새기 전 찍어야 속도도 필요

수십 년 수고한 장기 위해
먹는 거 줄여야 가려야

둔황

물기 없는 삶에
서걱이는
마음 보듯
온몸으로
받아내는 땡볕
버석이는
팍팍한 삶

끝없는
불모의 땅에
마주보는
구름 뿐

동주*에 부쳐

황금빛 잎새 타고 동풍에 실려왔네 바쁜 일 지나간, 느긋한 주말 저녁 태어날 때부터 '효자'라는 전설과 함께 왔네

제 둥지 터뜨리며 세상의 문 두드렸네 웃음꽃 실어 온 기쁨의 전령사 다섯째, 집안의 귓돌 동방에 우뚝 서 려므나

* 다섯번째 손자, 이동주

마라톤과 호수 사계

살얼음 적막 걷히면 꽃눈 부풀어 설렌다
벚꽃 튀밥 장전에, 대회 출전 기지개 켠다
우린들 가만 있을까 꽃눈 들썩이는데

대회 전날은 소풍 전야, 드디어 카운트 다운 '탕'
뼈와 살 자리잡고 숨 고르기 끝나면
발바닥 비행보드 타고 구름처럼 달린다

깜냥껏 달린 완주, 종일 기분은 업!업!
혼자 피다지는 작약, 줄장미 도란도란 달고
호수는 새파란 썬글라스 녹음 어린 그림자로

맥문동 보랏빛 융단 석호의 가을이다
갈대 손짓 끝에, 피와 진액 내는 나무
오방색 단풍 놀이에 우리도 새롭게 물들어

벗을 거 다 벗고나면 독야청청 소나무
얼음 낀 호수 위 눈내려 쌓이면
하얗게 채우기 위해 우리 마음 비워진다

II

명사산(鳴砂山)*

모래산에 바람 불면 울음소리 들린다네 요란한 천둥번개 뒤 빗방울 떨어지다 곧 멈춰 그래서 사막이 되나보다 풀 한 포기 없는 순 모래

구름들 그리메 제 모습 그대로 반영 사막의 먹먹함 제대로 달래준다 모래가 해님 위치 따라 시시각각 그라데션(gradation)

쓸모 없음도 쓸모있게 관광, 지하자원으로 사막에 소중한 샘물, 월아천 젖과 꿀이 버석한 세상을 부드럽게 촉촉하게 고르게

* 둔황, 모래산 언덕

미련

밤이
이렇게 긴데
아무렇지도 않네
약속의 말
흩어지고
이렇게
덧없을 줄을
지나는
바람이었네
잊지는 못 할 거야
그래도

민병갈*을 추앙하다

목련을 사랑한 푸른 눈의 한국인
천리포 해변에 아름다운 향기 드리어
수목원 자연동산으로 이름 알리다 세계에

거센 해풍 받이 척박한 민둥산에
나무 심기 30여년, 나무를 위한 수목원
전 재산 수목원 재단에 한국 사랑 남겨두다

낭떠러지 낭새 집, 낭새섬 품어 안아
수목원에 더하여 풍경을 넓히다
서해안 숨은 보석으로 사계절의 낭만이다

* Carl Ferris Miller(1921~2002), 천리포수목원 설립자

바이칼의 딸

핏줄이 당겨서일까 오래 두고 그리다
간밤 비바람에 잠까지 설쳐가며
길마중, 정결한 회화나무 꽃말이 망향이라니

망망대해 원시림 그 사이로 호수 트레킹
가슴 깊이 우러나는 깊디깊은 심연
다투어 피워낸 야생의 꽃, 혹한에 대비하여

보드카 한잔에 오믈 한점 유람선
아직 중천 저녁해에 눈부신 윤슬의 황홀경
광활함, 마음 지평 열어 벅차오르는 환희

우리 DNA와 가장 유사하다는
브랴트 족 무속신앙, 많이 닮은 풍습
한민족, 동쪽 한반도 빙하기에 자리잡은

아무도 들어갈 수 없던 먼지 풀풀 험한 길
알짜 혼령이 깃든, 황량하고 메마르다는
알혼섬, 영원한 성소 크고도 영롱한 태양

별리

어쩔 거야
어쩔 거니
예까지 따라오다니
감아도 보여지고
밀어내도 밀려온다

이제껏
좇아다닌 건
신기루가 아닌지

떠나가는
돛단배에
'웅크리고 수그린'*
'아끈 다랑쉬 오름'
날뛰는 억새 바람에

남겨진
내가 아니라
놓아준다 그대를

*제주 화가 변시지의 이미지 차용

보세란

두어 달

뜸들이다

뭉쳐있던 꽃망울

궁리에 궁리하다

끙끙 앓다 일어나듯

대궁이

살찌워

몸 다듬어

날렵하다

제비 닮은 꽃

보츠와나*

입국 수속 빠르고
화장실도 깨끗

끝없는 초지, 습지
온통 초록 물결 강, 하늘

사파리 3층 찦차로
동물의 왕국 탐방 길

토란잎
코끼리 귀
펄럭거리며
윤기 도는 갈색
건강한 자연방목

운좋게
먼 발치 사자 한 쌍

불쑥
머리 디미는
기린 가족

* 남아프리카, 보츠와나 공화국

본능

시 한 줄
기다리는데

알밤 하나
'툭' 느닷없이
바람결
저기서도 '툭'

온 눈에 불이 켜져
숲속 길
서정은 간데없고
원시 본능 달려간다

봄날은 간다

그만
봄바람 손끝에
보내버린
데이트 약속

답글이
오질 않네
모르거나 까였거나

봄날은
그렇게 가네
연분홍 문자 날리며

봄마중

징검다리 건너, 버들개지 기지개에
연둣빛 아우라 아련
봄은 졸졸거리며
봄비에 간질이는듯
환한 미소 지어낸다

해마다 오던 봄 아닌
낯선 그 봄 설렌다
와! 와! 와글와글
어린 애순 일어선다
누운 봄 일으키느라
하늘 아래 모두 약동

동창에 번져오는
복숭아빛 해님 마중물
사그락 봄 오는 소리
들려오는 환희
마음속 매일매일의 봄
어김없이 오늘도

봉평 메밀꽃 축제

압도하는 순백
소금꽃의 향연

'허생원과 동이'의
달빛 아래 핏줄 확인

꽃대궁
핏빛 어리어
서로를
당기나보다

사돈마님의 석모도 사돈마님

문전옥답
한가운데
야트막한 농가
나지막한 산들에
편안히 둘러싸인

마음에
걸림이 없어
분꽃 내음
풍
긴
다

사라 장과 부천필하모닉오케스트라

봄물결 흐르듯 유려
팔랑이는 나비 음표
명징한
손끝 지휘
웅장, 절묘한 화음
머릿속 허섭스레기
천상소리로 채워져

칼각의 오케스트라
섬세한, 세련된 음색

솔로의 휴지 사이
자신의 몸으로 지휘

하루에
이루어짐 아니듯
카리스마
자랑거리

사막에서 다시 길을 묻다 −이집트 기행

해 뜨는 나라에서
해 지는 나라로
'태양의 나라' 영생의 꿈 이룰까
째애앵
연무 걷히자마자
내리쬐는 열사의 불

흙먼지 뒤집어쓴 나일강변 야자수
그 너머 펼쳐지는 황량한 침묵, 침묵

다시금, 내 갈 길 어딘가
되물으며 서 있다

사막의 바다 불모의 대지에서
생명감 드러내고 말라버린 풀덤불

한 줄 금 신기루 얕은 물에
부질없는 인샬라

사모곡

태워진
뼛가루 속
고관절 잇던 쇠기둥

모진 세월
업고 있는
그리움 베고
누웠나

아직도
눈 감지 않고
기다리는 애절함

사패산

간 사람 갔어도
산 자는 즐겁다

어제의 녹음은
햇볕에 더 푸르러

울울함
씻어내는 폭포
운명처럼 떨어진다

똑.또.그.르.르
삐이요 찌이익
들은 대로 적을 수 없는
맑은 새 소리

아카시
지는 꽃 아쉬어
저물고 있다 노랗게

III

산티아고 순례길 1
－피레네 산맥 넘으며

지금도 분주하고 여유로운 삶인데
무엇이 부족해 또 역마의 길을
마지막 내 생의 시점이 어디쯤인지 알고저

'생장'에서 '오르손' 소풍 가듯 가볍게
'피레네' 넘어가려 발걸음도 비장해져
아뿔사! 900고지 들어 초강풍, 2단옆차기로 공격해와

비를 뿌리더니 눈보라로 앞을 가려
결단의 순간, 중도포기? 강행군?
강행군 몇몇은 구급차로
나머지 혼이 빠져 하산

혼자 걸어가기 어려운 등반길에
끌어주고 밀어주던 고마운 분들로
인생사 폭풍우 돌풍도
맞으며 이겨내왔지

산티아고 순례길 2
-'푸엔타 라 레이나'에서 '에스테야'로

청명 하늘, 구름 노란 골담초 물결
빨간 꽃양귀비 초록 밀밭, 유채꽃
팔 다리 힘들어도 눈이 즐거워 피로가 줄어든다

지나치는 순례객들 길 비키며 "부엔 까미노"
키 작은 포도나무 올리브 나무 반기며
종소리, 간간이 마을 성당 평화로운 길 마음도 편안

14.5km 점심 전 걷고 후반은 버스로
왼발 무지외반증 싸인을 받아들이기로
이제껏 인생고행에 또 무슨 고행을

산티아고 순례길 3
-'에스테야'에서 '로스아르코스'로

'산 마틴 광장' 출발, 간밤 온 비로 상쾌
초록 물결에 눈을 씻고 '이라체 수도원'
와인 샘물 한 모금
무심코 걷다 확인하는 노란 화살표,
내 가는 인생길도 바로 가고 있는지

즐겁게 걷고난 후 맛있는 점심식사
와인 곁들인 생선요리, 한껏 흥이 올라
늘 감사, 별 탈 없는 몸, 남아있는 건 감사와 웃음 뿐

산티아고 순례길 4
-'오스피탈 데 오르비고'에서 '아스토르가'로

춥지도 덥지도 않은
축복 받은 날
영롱한 종달이 소리 발걸음도 가볍다
황톳길 유채밭 밀밭 사이에
흙먼지 잔뜩 쌓이는 570고지

바람도 산들
'이글레시아'에서
과일을 맘껏 먹고 기부는 깜냥껏
"참 좋다"
연발되는 감탄사
하트 모양의 순례 스탬프

산티아고 순례길 5
-'폰세바돈'에서 '몰리나세카'로

'철십자가 상'에
세 아들 소망 돌멩이
멀리 '레온' 설산 앞 풍력발전기 소식 날리고
붉은 색
온 천지 꽃길에
라벤더 군락
오리나무 숲

1500고지에서 아래로 걷는 길
진창 습지
소똥 마저 질펀
'누군가, 널 위해 기도하네'
올 들어 처음 듣는 뻐꾹새 소리

산티아고 순례길 6
-'사리아'에서 '포르토마린'으로

안개 자욱한 내림길
맑은 새 소리 영혼 울리는
길가에 통통한 고사리
지나치기 아쉽다
동백꽃 송이도 크고
떡갈나무 우거지다

뻐꾸기 비둘기 번갈아
소몰이 하는 건장한 개
23km 아름다운 길
'루고 갈리시아' 완주하다
일치감
대자연 속 나도
하나 됨을 느끼다

산티아고 순례길 7
-'포르토마린'에서 '팔라스 델 레이'로

순례길 상징인

조가비 빗살무늬

방향 표시 아닌

'세상의 빛'이라고

가는 길

나를 찾아 나서는 길

어디쯤

다다랐을까

산티아고 순례길 8
-'팔라스 델 레이'에서 '아르수아'로

560고지에서 완만하게
'후안 데 후렐로스' 마을 성당
오른 팔이 십자고상에서 빠져나온
죄 용서 않는 사제 대신
그 죄인
직접 용서해주려고
"내 피는 그를 위해 흘린 것"

애기똥풀 유난히 많고
붓꽃 피어있는 목축지
white wine을 흰 사기 사발에
문어마을 '멜리데' 식당
개구리 울어대는 습지 지나
걷기에 맑은 공기
Walker's High!

산티아고 순례길 9
  -'아르수아'에서 '페드로우소'로

유칼립투스 울창한 숲길
풍요, 고요한 전원주택지
서울서 복닥거리거든
널따란 목초지 그려봐!
흰 동백
수국도 한창
얼룩 젖소 떼 먼저 보내다

맑은 냇물 따라 걸어가는 길
힘들어도 가야만 하는
힘들면 안 가도 되는
세상사
내 맘대로 정하는
내 의지대로 안되는

산티아고 순례길 10
– '페드로우소'에서 '산티아고 데 콤포스텔라 대성당'으로

처음 가보는 길 걱정 많았던 대장정
마음은 아쉽지만 몸은 한계에 이르다
만사가 시작이 있으면 끝이 있듯
마지막 길

'즐거움과 환희의 산' '몬쇼이 언덕'에서
멀리 '산티아고 대성당'의 첨탑이 보인다
스페인 수호성인 '성야고버'
'산티아고'의 무덤 위 성당

드디어 도착 이날을 위하여
그 많은 고민과 수고 시간을 보내다
가 보고 싶었던 곳은 가봐야
이렇게 즐거운 때
앞생에 또?

'석가헌' 모임에서

간질이듯

속삭이는

저음의 색소폰

앙증맞게 파고드는

재즈 보컬 음조

잠시간

아름다운 이 되어

심심한 저녁

때 맞춰

석호의 수양벚꽃나무

멀리서도

그녀는

단연 돋보인다

균형 잡힌 몸매

진분홍

튀는 색깔

흐느청

낭창거리기도

감격시대

그 자체

수크령

길갱이 지나보다
점점 연보라로
무한 고독 짙어지나
까슬까슬 지고 있다
그 자체
덤불만으로도
풍성한 꽃마당

누구든 범접 못할 여기는 나의 아성
부드러운 날카로움
성을 쌓고 있다

분홍빛
르느아르 분첩
가을의 향연이다

스크랩 폐기

시간 따라 자연스레 낡아버린 정보
생각이 바뀌거나
필요 없어지거나
한 때는
귀한 소식이나
지금은 쓰레기

켜켜이 먼지 쌓인 머릿속 잡념 자루

하나 둘 정리해야
말끔히 내버려야

모든 걸 다 알려 말고
필요할 때 찾아야

신록엔 왜 하얀 꽃이

이팝나무, 산딸나무
찔레꽃, 아카시 꽃

꽃잔치 굿판 지나
초록에 돋보이라고

올곧은
신선 세계로
어지럽던 색 벗어나라고

아디다스 한강 대회

백조는 무리지어

날렵하게 춤추고

복사꽃 연정 휘감아

돌아드는 수양버들

남한강

봄은 어김없이

환상의 코스, 에코 10km

IV

'압록강은 흐른다' −이미륵* 다큐

애수가 흐르는 강 숨죽여 울었네
그리던 어머니
두고 온 아내, 고향
머나먼
타향에서도
기품있게 살아온 삶

고향 지킨 그 아내
아름다운 수절
민족의 서러운 한
압록강에 흘려보내
처연한
애절 음색에
가슴속 더욱 아리네

*이의경 (본명, 1899~1950)

어쩌나

단풍 잎 하나둘 떨어지고 있다
이별을 말하는 듯
속절없이 내린다
아직은
모르고 있네
보내지 않은 마음을

가슴 한 쪽 불질러 놓고
난 몰라! 가고있네
빈들에 서서
그냥 말이 없다
멍하니
그리움만 가득
보고싶다 그립다

억새

흔들리고나야
겨울을 맞을 수 있다고
사각이는 소리
내게도 그 서걱임이

겨우내
눈보라 삭풍에
비워내는 그 결기

지난 그리움
어쩌지 못해
은빛 갈기 날리며 멀어지는 기적소리

외로움
이겨낼 수 있을까
마른 줄기 비움 없이

여름 숲

밤꽃

다시 흐드러지고

녹음은 한껏 물 올라

고즈넉한 여름 산

짙푸름

감당이 안되어

페로몬

향내 뿜으며

압도하여

다가오는

연꽃 아침

세상 귀 열어놓고

후드득 듣는 연잎

바람결 후룩후룩

옛이야기 들려오는듯

오롯이

진흙 속 화안히

청아한 연꽃 피워내다

연례 행사

초복 지나 어김없이
이른 아침 같은 시간
울리는 매미 소리, 극대의 데시벨
수년간
별러왔으니
조만간 사라진다니

7년 삶의 빈집
여름 한 철 위해
등 쪼개고 나온
눌려있던 소리들
이제는
묻어버리고
잠 못 이뤄
목이 쉰

영동 와인 열차

지는 해 따라
와인 열차 달린다

눈, 입, 발, 가슴으로
온몸, 와인에 취해

나홀로
나만의 낙조
고독을 즐긴다

해는 떨어져도
여명은 남아
남아있는 시간 열정으로 불태워야
내 마음
혼자 있음에
더욱 붉게 물들인다

옛골목

어미 마중 나선

다섯살 큰 녀석

접질려 부은 손등

대책 없다는 표정으로

하얗게

멈춰 있던 어스름

지나온

막다른 골목

온통 그렇게

부지런한 시간은
등허리 굽은 강물, 말 달려 건너와
새 시대 여는 선구자

큰 울림
하늘 향한 새 날
인고의 세월 지난다

순백의 연정 그리워
새 아침, 봉기하듯

목련 필 때는
천지가 목련이다

피멍 든
잔인한 4월
온전함 없는 하늘, 땅

우루무치*

지운다 지운다 해도
어느새 돌아 돌아
온통 생각의 끝
맴도는 그대는?
귓볼이 훈훈해지게
사로잡는 그 누구

메마른 민둥산 관목만 듬성듬성
구름은 풀풀 날리고
멀리 보이는 신기루

내 안의 소리 들으려
사막의 고독
저 바다

*아름다운 목장이란 뜻, 신강 위구르의 주도

의자 3

조찬리 무시덤 마을

반송(盤松)거사 누워계신다

기대설까 옆에 누울까

삼백쉰 서리 안은 그대

안아는 주시겠지요

이 여린 물봉선을

의자 4

간절하게

애절하게

제 짝을 부르고 있다

떨어진 지 얼마라고

저리도 애타게

말끔한

꽃자리 내어

직박구리 지나는 길에

이과수 폭포

와! 굉장한 물이다
탄성마저 삼켜버리는
초록 외투의 거인
지축을 울리는 소리

안 보고 말하지 않기
안 듣고 놀라지 않기

모든 사악함을
한목에 빨아들이듯
한순간 모인 물이 땅끝으로
'악마의 목구멍' 소용돌이

욕망을, 끓어오르는 분노를
떨쳐내고 비상해야

입추 지나 처서

쇠뜨기 실뜨기하듯 손끝에 갈맷빛
배롱나무 붉은 여름 비집고 가을이 슬몃
빗방울, 깨지는 소리에 개구락지 짜그락

맴맴 소리는 그만 늦추어지고
푸른 병풍일랑 걷어내 버리는데
서늘함, 매미 떨어지니 귀뚜리가 자그락

차브덕 차브덕 가을비 구성지다
언제고 그치지 않을듯 마냥 적시고 있다
맥빠진 모기 울음 소리
백로 지나 가을이다

적막

살얼음 호숫가

갈대들 울고 섰네

동그마한 철새 서넛

물수제비 나르듯

수면을 처브덕, 푸드득

미끄러져 박차며

전통 혼례 –문종이 장가가던 날

명륜당 느티나무 좌우에 거느리고
앞마당엔 차일 뒤편엔 은행나무 도열
신랑은 사모관대 붉은 도포
장고, 대금, 해금 주악 울리며

청사초롱 꼬마 들러리
대례청 모신 신부에 신랑은 기러기 들고가
신부에 먼저 인사
청홍초 밝히는 어머니들 환한 미소 번져간다

표주박에 담긴 술을 신랑신부 바꿔 마시며
소나무, 대나무 가지에 청실홍실 백년해로
하객들, 풍물놀이에 덩실덩실 덩더꿍

V

정기용*에 반하다

신록 위 윤슬처럼
더욱 청량한 무주

시대 앞선 열정이 무주에 풍경을 더하다 오르막은 땅의 흐름 좇고 좁은 땅은 필로티로, 회랑 이어 소통의 길 낯선 건물은 서로 바라보게, 두 눈 가득 별 따다, '별 보는 마을' 만들다 공공건물이 아늑하고 편안, 언덕 위는 작은 뜰로 다랑이논 자리, 여러 층이 단층으로 보이게 연 달은 창 따라, 덕유산 파노라마 해를 쫓아가는 새처럼, 하늘의 빛 맞닿다

등나무 꽃그늘 아래서
정기용을 기리다

*건축가(1945~2011), 무주 공공프로젝트 참여

제부도 갯벌

숨구멍 열리자

방게들 열병식

빈껍데기 고둥을

집게는 제집인 양

나문재

인고를 견뎌 온

서늘하게 붉은 빛

제주의 봄

신부 부케처럼
만개한 브로콜리
청매실 꽃, 유채꽃, 풋보리
산뜻한 녹색
한림항 갈매기들은
집어등에 나란히

동네 어귀 누렁이 앞서서 걸어가고
얼굴 간질이는 바닷바람 훈풍에
천지간
갈매기와 단 둘
만나고 헤어지는
낯선 동네

진해 벚꽃

연분홍 춘설로

새 세상 펼친 산야

벚꽃 군단 열병식

충무공 숨결에 당당

나 혼자

눈 시리어 아득

평생 볼 꽃

하루에 다 본듯

짐바브웨*

비행기서 보이는
초록의 향연

공항 나서자 민속춤 한 판
현란한 치장으로

숲속 길
빅토리아 폭포로
진하디진한 무지개 띠

편안하고 여유로운
잠베지강 풍광
하마 가족 얼굴을 내밀었다 디밀었다
악어들 강둑에서 낮잠
해넘이 보내며
여행도 저물어

* 남아프리카, 짐바브웨 공화국

창녕 우포늪

솔가리, 낙엽송 내음

아슴한 안개 속

철새, 오리떼의 합창

나도

새, 나무, 풀이 되어

시원(始源)에

끌리어 가다

생명의 둘레길로

책 굿 『노름마치』

제법 두꺼운 책
줄 쳐가며 단숨에
'표' 아니면 '피'를 팔아야
절박함에 쓴 '보도자료'

감성 갑
열정 솟아나는
진옥섭에 사.무.치.다

'케케묵은' 전통 아닌
'켜켜이 묵혀낸'

숨은 명인, 명장 찾아
전국 발품 팔아가며
찾아내
널리 알려준
진옥섭은 애국자

천은사 템플스테이

발걸음 재촉하듯 목탁 소리 울린다
삼라만상 산천 초목 온 우주를 깨운다
은은한 운판과 함께 독경 소리 낭랑하다

댓바람 스치는 소리 개울물은 좔좔
세상 번뇌 어지러움 소리멍에 사라진다
그 울림 맑디맑은 소리 담담한 법열이다

무릎 꿇고 엎드려 두 손 들어 하늘로
몸도 마음도 낮추어 정성 다해 기도를
불현듯, 돌아가신 두 어머님 극락왕생 빌어본다

청물 드는 남해

다람쥐 일상에서 고향 찾아 나서듯
남녘 다도해로 그리움이 앞장선다
세상은 하 요상해도
하늘은 높고 맑다

'청물이 들다, 오르다'
이런 말 아시나요?

몇 개의 태풍 보내고
바닷물 뒤집어진 후
새파란 쪽빛 바다를
'청물 든다' 한대요

춤을 추어요

연보라 노을 감돌더니
어느새 개밥바라기별

볼그레 초승달이
옆에서 인사하네요

달과 별, 그대의 하늘에도
나란히 함께 있나요

지우려 해도 슬몃
냅둬요, 그냥

혼자만의 미소로도
해님 비추이는 듯

생각은 어디든 가지요
그 누가 막을까요

케이프 포인트 –남아공

대서양, 인도양 접점

물빛도 두 가지

힘찬 기운 바람도 포효

인상파 그림 속 있는듯

신천지

가는 길 발견에

희망 들떠

기쁨 가득

코스모스

세 가지 색깔 의상
하늘하늘 무대에

잠자리 날갯짓에
아리따운 자태

비바람
모래바람도
고운 자락에 잦아드네

흔들릴지라도 부러지지 않는
부드러움이 빚은
견고의 깃발

고난 속
한아름 환희
피워내는 아가씨

쿠무타크 사막 2

선선한 아침에서
모래. 햇빛. 모래.산
곧 끝날 여행처럼
잡히지 않는 허허로움
헛헛함
채워지지 않음이여
지평선만 나른해

후추 뿌리듯 오다마는
사막의 빗방울
낙타의 일자리 대신한
트럭들 줄지어 느리게
어딘가
화성의 한 지역인듯
황량한 전망대

통영 국제음악제 – 제9회

클래식 들으며 지리산 연봉 지난다
산수유 무리, 남도의 봄맞이

개막작, '오르페오와 에우리디케'
카운터테너의 애끓는 절규

그 청아한 목소리에
슬픔이 깊어진다
무대는 얕은 호수
숲의 정령들 춤을 춘다

저승이
저렇다면 가볼 만
'사랑이여 승리하라'

페인팅

칠을 잘 하려면 언제나 연습이 중요
칠해 온 과거를 수시로 돌아보아야
무작정 칠해나가면 어김없이 응어리진다

한 번 칠하면 그것으로 끝이다
개칠은 개악이 되기도 잘못 칠해도 놔둬야
세상사, 돌아다보면 처음부터 잘해야

지나침 보다는 모자람이 낫듯이
농도의 배합이 아주 중요하다
지나침, 나중에 고쳐도 흔적이 남는다

재료의 바탕이 좋거나 기초를 잘 다듬어야
물이 아래로 흐르듯 나무의 결을 따라야
자연의 순리 따라야 결과가 매끄럽다

어깨, 팔, 손의 힘 붓끝에 안 들어가게
어디건 힘을 가하면 저항이 따른다
무심결 놀리는 붓에 능숙함이 더해진다

환희 –아기 손자들

초록 망토 날리며 온
어느 별의 왕자였지

억만 겁 휘돌아
철새 따라 예 왔네

장미밭 꽃숭이처럼
누구에게나 향기

갓 돋은 옥수수 이빨
꽃등 켜진 호박이다

활짝 네 웃음에
엉킨 실타래도 풀릴 듯

옹알이, 먼 나라 노래에
꼼짝없이 무장해제 된다

그냥, 바로

1판1쇄 : 2023년 5월 10일

지은이 : 김용옥

펴낸이 : 김정현

펴낸곳 : 도서출판 gaon

주　소 : 유네스코문학창의도시 부천시 길주로 460, 1106호
　　　　(춘의동, 센트럴뷰)

전　화 : 032-342-7164

팩　스 : 032-344-7164

E-mail : kjsh2007@hanmail.net

ⓒ 김용옥 Printed in Korea

출판등록 : 2011. 7. 14
ISBN : 979-11-90673-68-6 (03810)
값 : 12,000원

무단 전재와 복제를 금합니다.
도서출판 가온은 농인聾人과 함께합니다.
잘못된 책은 본사나 서점에서 교환해드립니다.